LETTRE

D'UN IMPRIMEUR

à Messieurs les Députés

QUI FONT LEURS VENDANGES;

PAR

Amédée Gratiot.

L'Imprimerie est un art, non pas un métier.
Si vous permettez qu'on en fasse un métier,
prenez garde, car vous tuerez l'Imprimerie.

Paris,

AMÉDÉE GRATIOT ET Cie,
Imprimeurs du Collège Royal de France,
Rue de la Monnaie, 11.
—
OCTOBRE 1838.

LETTRE

D'UN IMPRIMEUR

A MM. LES DÉPUTÉS

QUI FONT LEURS VENDANGES.

MESSIEURS,

Je vous demande bien pardon de venir vous relancer jusqu'au fond de vos fermes et de vos châtellenies. La France vous a choisis pour ses législateurs, cela est vrai. Mais vous êtes aussi, et avant tout, propriétaires fonciers. Vous avez donc bien le droit, quand vous avez employé six mois de l'année à nous faire nos lois, d'employer les six autres mois de l'année à faire vos récoltes et vos vendanges. Être député, c'est beau. Mais vendre son blé et mettre son vin en pièces, c'est agréable.

Finissez donc en paix vos vendanges, Messieurs.

Seulement, hâtez-vous ! Le temps se fait pluvieux. Octobre tourne le dos à l'été et donne la main à Novembre : Novembre ramène l'hiver, l'hiver ramène les Députés.

Tandis que vous goûtiez là bas les douceurs du repos,

oubliant la politique pour la pastorale , et modulant peut-être la chanson de Tityre sous ceux de vos chênes qui sont trop jeunes encore pour la coupe de cette année ; — Paris , ce gouffre immense où hurlent toutes les misères, où rayonnent toutes les splendeurs, Paris, qui vous savait absents, élaborait dans l'ombre une nouvelle iniquité. Cette fois encore, c'est la Presse qui a fait le mal. Eh ! bien, cette fois encore, et justement à cause de cette nouvelle faute, c'est la Presse qui se lève et qui demande justice.

Voici l'affaire, Messieurs.

Laissez pour un instant votre serpette de vendangeurs, et , tandis que votre vin nouveau fermente dans sa cuve , écoutez-moi. La chose est grave et en vaut la peine.

A Paris , au fond de je ne sais plus quelle maison obscure , la police vient de faire saisir , il y a quelques jours , un , deux , trois , quatre , dix numéros , vingt numéros d'un journal portant pour titre : *Le Moniteur républicain.* Il avait pour épigraphe : *On ne juge pas les rois, on les tue.* C'est vous en dire assez, je pense.

Toute la police et toute la contre-police furent à l'instant même sur pied , comme un seul homme. Après bien des recherches , on parvint à découvrir , avec quelques numéros de cet écrit séditieux , les débris (mais les débris informes) d'une presse et de plusieurs ustensiles d'imprimerie, qui avaient dû servir à la fabrication de ce journal.

Ces débris furent déposés à la préfecture de police , et l'on convoqua sur le champ tous les Imprimeurs de

Paris, pour savoir s'ils ne reconnaîtraient pas ces restes d'ustensiles et de presse, comme leur ayant appartenu à des époques plus ou moins rapprochées. Tous les Imprimeurs de Paris déclarèrent sur serment qu'il leur était impossible de rien reconnaître à ces quelques morceaux de vieille ferraille qu'on leur représentait. On signa cette déclaration, et tout fut dit avec la police.

Mais tout n'était pas dit avec vous, Messieurs. Voilà pourquoi je vous écris, ce soir, en sortant de la préfecture, cette lettre, que vous ne lirez peut-être pas, mais que j'aurai au moins la conscience d'avoir écrite.

Je voudrais savoir de vous, Messieurs, de quel droit on vient nous arracher à notre travail qui nous fait vivre à grand'peine, nous, pauvres maçons de la littérature ; et de quel droit surtout on vient nous demander de faire l'œuvre de la police, à nous qui la payons !

D'après la loi, il ne doit y avoir à Paris que quatre-vingts Imprimeurs. Ces quatre-vingts Imprimeurs paient leurs contributions, comme tout le monde ; puis, par-dessus le marché, une patente ; puis, par-dessus le marché, un brevet ; ce brevet leur coûte vingt-cinq mille francs. C'est bien cher, n'est-ce pas ? Il est vrai qu'à la faveur de cette patente et de ce brevet, ces Imprimeurs sont obligés de réaliser à Paris cette maison que Socrate, à Athènes, voulait construire de verre, pour qu'on y pût mieux voir. A toute heure du jour, la police peut entrer chez un Imprimeur, visiter ses livres, compter ses presses, lire ce qu'il imprime, lui demander le compte des feuilles de papier qu'il a couvertes d'encre hier ou qu'il couvrira d'encre demain. La police connaît le nom de tous les ouvriers qu'un Imprimeur emploie, et le jour de leur entrée, et le jour de leur sortie : et chacun de ces ouvriers sait, aussi bien que son patron, aussi bien que la police, ce qui se fait chaque jour, à chaque instant, dans l'imprimerie où il travaille.

Vous, Messieurs, qui êtes des législateurs, et qui aimez l'ordre, vous répondez à tout cela : C'est bien. Moi, qui suis un honnête homme, et qui puis faire à la face du soleil tout ce que je fais chez moi, je dis : Cela m'est égal.

Mais une question, Messieurs.

Puisque la police a droit de haute et basse surveillance sur ces quatre-vingts Imprimeurs de Paris, comment se fait-il qu'il s'imprime à Paris un journal incendiaire et que la police ne le sache pas?

Puisque la police a droit de savoir le compte des presses que vend chaque mécanicien ou qu'emploie chaque Imprimeur, comment se fait-il qu'il se trouve à Paris, dans une chambre isolée, une presse, des ustensiles, des caractères, qui servent, le jour et la nuit, à fabriquer des pamphlets, des appels à la révolte, ou des excitations à la débauche? Car tout cela s'imprime à Paris, Messieurs les Députés. Car il y a des presses clandestines pour toute parole déshonnête, à Paris, et pour toute proclamation de guerre civile. Car, lorsque ce n'est pas au citoyen que l'on insulte, avec ces presses clandestines, c'est aux lois, et lorsque ce n'est pas aux lois, c'est aux mœurs.

Je vous dis cela parce que je le sais, moi qui suis Imprimeur. Et si vous me demandez la cause de ce désordre, je vais vous la dire, parce que je la sais aussi.

La loi veut qu'il n'y ait à Paris que quatre-vingts Imprimeurs. Il y en a deux cents.

Et la police sait cela? La police le sait. Et la police souffre cela? La police le souffre. Mais pourquoi? Allez le demander à la police.

Voici cependant pour la justice : car il faut tout dire. Sur ces deux cents Imprimeurs, il n'y en a que quatre-vingts qui soient véritablement *privilégiés*. Ce privilége consiste à payer une patente, plus, comme je vous l'ai dit, un brevet de vingt-cinq mille francs, que vous acheterez comptant, s'il vous plaît, le jour même de votre installation, sans savoir si ce brevet payé vous laissera seulement de quoi manger demain. Ce privilége consiste encore à forcer quatre-vingts Imprimeurs (sur deux cents!) à se soumettre strictement à toutes les exigences et à toutes les tracasseries de la loi, et à tenir leur porte grande ouverte pour que messieurs de la police viennent s'informer, quand bon leur semble, de toutes choses qui ne les regardent pas, et mettre leur nez dans les affaires de ces quatre-vingts Imprimeurs!

Quand ces quatre-vingts *bienheureux* privilégiés ont rempli, avec la plus scrupuleuse exactitude, toutes les mille et une formalités, fort gênantes, ma foi! que la loi leur impose, les autres cent vingt Imprimeurs, vous savez, les *parias*, ceux qui ne sont rien, ceux qui ont le *malheur* de ne payer ni patente ni brevet; ceux-là peuvent dormir tranquilles. Ils prennent à loyer, comme on ferait d'une chambre en hôtel garni, la moitié, le quart, le demi-quart, le cinquième, le dixième, d'un brevet. Cela s'appelle être *Imprimeur marron*, ou encore, *Imprimeur succursaliste*. Le gouvernement accorde *un* brevet, il y a *dix* individus pour l'exploiter! Quant à la responsabilité, non-seulement elle n'est pas sur un seul, mais elle n'est plus sur aucun. Les quatre-vingts privilégiés sont obligés de signer leurs livres : les cent vingt parias n'en font rien. Le *loueur* de brevet, avec son brevet, loue son nom. Ce nom s'imprime chaque jour au bas de dix ouvrages différents, que le *loueur* ne lira jamais, dont il n'aura jamais connaissance, qui s'impriment chez lui où hors de chez lui, au rez-de-chaussée ou à l'entresol, à la cave ou au cinquième étage.

Et vous vous étonnez, Messieurs, de rencontrer chaque jour, aux étalages des rues, ces livres honteux et infâmes qui suffiraient à faire maudire l'invention de l'Imprimerie? Et vous vous étonnez de saisir à la poste ces pamphlets démagogiques qui vont souffler incessamment la guerre civile et l'insurrection jusqu'au fond le plus reculé de vos provinces?

Mais ce dont je m'étonne, moi, Messieurs, c'est qu'il n'y ait pas encore plus de ces livres corrupteurs, c'est qu'il n'y ait pas encore plus de ces libelles sanguinaires? — C'est que vos mœurs ne soient pas viciées, plus qu'elles ne sont, par ces écrits scandaleux qui montent de votre portière à votre laquais, et qui, des mains de votre laquais, tomberont tôt ou tard aux mains de vos enfants ! — Ce qui m'étonne, c'est que votre puissance, c'est que votre dignité, c'est que votre machine gouvernementale, ne soient pas déjà brisées, sapées, anéanties, par ces pamphlets mystérieux qui sortent on ne sait d'où, qui ne portent ni nom d'auteur, ni nom d'Imprimeur, et qui, pour tout indice, sont audacieusement signés : IMPRIMERIE DE LA RÉPUBLIQUE.

Cherchez donc maintenant l'Imprimerie de la République, Messieurs ! — Vous avez droit d'entrer, à toute heure du jour et de la nuit, chez vos quatre-vingts imprimeurs, brevetés, patentés, privilégiés. Mais chez les autres, qui sont cent vingt ? Cherchez bien, fouillez, furetez, interrogez. — Vous parviendrez à en découvrir cent dix-neuf. — Mais le cent-vingtième vous échappera. Et c'est le cent-vingtième qui aura imprimé le *Moniteur républicain*, et qui, vous entendant venir, brûlera sa presse, corps du délit, et ne vous laissera, pour preuves bien authentiques, que quelques balles fondues avec des caractères anéantis, et quelques méchants morceaux de fer, que vous viendrez ensuite nous demander de reconnaître !

Eh ! bien, nous, Imprimeurs, nous ne reconnaissons rien, Messieurs. Puisque la police a permis cela, qu'elle se tire de là.

Car enfin, il faudrait bien savoir une fois pour toutes ce que vous voulez, Messieurs les Députés. Est-ce le maintien des priviléges ? Est-ce l'abolition des priviléges ? Si c'est le maintien, dites-le, et faites qu'on obéisse à la loi, car vous avez la loi pour vous, et avec la loi on est fort. Vous répondez que cette mesure est difficile à exécuter. Ah! il est difficile de faire faire justice! Ah! il est difficile de conserver le droit de ceux qui ont le droit pour eux!

Moi, je vous dis que cela est facile, parce que cela est juste. Mais le moyen? dites-vous. Le moyen? Trouvez-le, pardieu! Est-ce que c'est à moi à vous le dire? Est-ce que je suis le gouvernement, moi? Moi, je ne suis qu'un Imprimeur, à qui vous avez vendu, moyennant bonne somme, le droit d'exercer mon art et mon industrie, loyalement, ouvertement, avec mon nom sur le seuil de ma porte, avec mon nom sur la première page de mes livres, en me promettant, vous, en retour, aide, protection, et conservation de mon droit.

Eh! bien, vous ne m'avez pas conservé mon droit, Messieurs! Vous me l'avez laissé prendre, vous me l'avez laissé voler, non par un homme, mais par cent vingt. Est-ce que vous voulez encore que je vous donne leur adresse, par hasard? Est-ce que vous ne connaissez pas, vous, comme nous les connaissons tous, des maisons tout entières qui ont leur six étages remplis de ces Imprimeurs succursalistes? — Mais ce sont des hommes tranquilles? Mais ce sont d'habiles ouvriers? — Est-ce que nous ne sommes pas tranquilles, nous? Est-ce que nous ne sommes pas habiles, nous? Puisque les choses vous semblent bien ainsi, Messieurs, — égalité pour tous! Rendez nous libres aussi, comme vous les avez rendus libres. Supprimez les brevets; déclarez hautement et à la face de tous que l'exercice de l'Imprimerie appartient à tout le monde!

Seulement, comme il ne faut pas que l'Imprimerie meure, Messieurs, car l'Imprimerie est notre mère à tous et la reine du monde ; — que la capacité remplace le privilége maintenant! Qu'il n'y ait plus de bureau ni de bureaucratie pour vendre des brevets, mais qu'il y ait un tribunal pour juger les capacités. Que nul ne puisse être Imprimeur, s'il ne réunit à un éminent degré toutes les connaissances, si multipliées et si diverses, qui seules font les bons Imprimeurs. Est-ce que vous croyez que ce sont vos brevets qui ont fait les Didot, les Crapelet, les Duverger, les Fournier, les Éverat, les Rignoux? Supprimez le privilége, la science restera. Le talent survivra au brevet ; ce sera au plus capable, Messieurs! Car l'Imprimerie est un art, non pas un métier. Si vous permettez qu'on en fasse un métier, prenez garde, car vous tuerez l'imprimerie!

Mais non, vous voulez des priviléges. Soit! Mais alors, ces priviléges, pourquoi ne voulez-vous les protéger? Vous ne voyez donc pas que vous mettez le talent aux prises avec l'ignorance, l'amour de l'art aux prises avec l'amour de l'argent ; et, comme toujours, Messieurs, l'argent l'emportera sur l'art, l'ignorance sur le talent.

Voyez un peu où nous en sommes venus depuis quelques années. Faites-moi le plaisir de me dire ce que c'est que l'Imprimerie maintenant! Et surtout, faites-moi le plaisir de me dire ce que l'on imprime! Trois choses :

des journaux, des affiches, des prospectus. Sublime résultat! De livres, il n'en est plus question, si ce n'est, toutefois, de romans, et des plus mauvais encore. Le roman est la providence du succursaliste. Avec un *cicéro* qui sert depuis dix ans, le succursaliste vous fabriquera tous les romans que vous voudrez, à des prix si minimes, si réduits, que ces prix sont devenus des problèmes pour nous autres, les Imprimeurs.

Pour le tirage de ces romans, le marchand de papiers, qui voudra, lui aussi, se mettre à l'unisson du succursaliste, vous vendra du papier à moitié prix ; mais avec quoi sera fait ce papier? Avec du plâtre, Messieurs; oui, avec du plâtre! Ce qui a fait, l'autre soir, commettre un méchant calembourg au plus jeune de mes apprentis, gamin très facétieux, qui a prétendu que, depuis qu'on employait le plâtre dans la fabrication des papiers, les livres étaient comme les maisons, — *gâchés.*

N'allez pas croire que je plaisante, Messieurs. J'ai touché du doigt à une blessure qui est grave, sérieuse, palpitante. Et c'est au moment où vous vous décidez enfin à répandre l'instruction parmi le peuple, que vous laissez s'anéantir les bons livres! Je sais bien, comme vous, si bas que tombe l'Imprimerie, que les cabinets de lecture et les loges de portières ne manqueront jamais de leur pâture quotidienne de futilités dangereuses. Mais la science? Mais les belles-lettres? Mais les beaux vers? Mais ces admirables éditions que l'on nous donnait jadis des chefs-d'œuvre de l'esprit humain? Mais toutes ces belles littératures de l'antiquité qu'on nous faisait lire dans de si beaux livres ! Hélas ! hélas ! à l'heure qu'il est, les noms les plus glorieux et les plus illustres de l'Imprimerie, profanent (car il faut vivre !), profanent leurs presses, si célèbres autrefois, en les employant aujourd'hui à tirer des romans pour les cuisinières ou des prospectus pour les coiffeurs !

Ce qui a fait cela, c'est vous. Et comment vous l'avez fait, je vais vous le dire.

Les Didot, par exemple, ces grandes illustrations de l'Imprimerie, savez-vous comment ils sont parvenus à devenir ce qu'ils ont été ? A force de sacrifices, à force d'études, à force de veilles, à force d'abnégation pour eux-mêmes et d'amour pour leur art. — Comptant sur leur droit, car vous le leur aviez vendu assez cher, ils ont risqué vingt fois leur fortune pour agrandir le domaine de l'Imprimerie. Pour correcteurs, ils ont eu des savants, qu'ils payaient au poids de l'or. Leurs éditions sont devenues célèbres dans toute l'Europe. S'il fallait vingt mille francs pour graver un beau caractère, ils les donnaient ; s'il en fallait quarante pour imprimer un beau livre, ils les donnaient ; mais au moins leurs caractères et leurs livres étaient une des gloires de la France.

Et voilà qu'à côté de ces hommes qui ont si bien mérité de leur pays, vous laissez se pavaner du titre d'Imprimeurs des hommes qui savent à peine lire les livres qu'ils impriment ! — Est-ce que cela est juste ?

Ces Imprimeurs de contrebande ne paient ni patente ni brevet. Leur matériel, c'est une presse qu'ils font travailler eux-mêmes ; ce sont des caractères qu'ils composent eux-mêmes. Dans quel état se trouvent ces caractères et cette presse, je vous le laisse à penser, car il faut viser à l'économie. Aussi, voyez un peu les beaux livres qu'ils nous donnent! Et comme cela est correct, surtout! Je crois bien, des hommes qui ne savent pas l'orthographe, et qui corrigent eux-mêmes les livres qu'on leur confie!

Le résultat de tout ceci, c'est que n'ayant à payer ni patente, ni brevet, ni matériel, ni correcteurs, ni prote, ces succursalistes finissent par trouver le moyen de fabriquer des livres à 20 pour cent de réduction sur les prix de l'Imprimeur véritable qui a, chaque jour, des dépenses énormes de matériel et des frais de maison considérables. Et si l'Imprimeur véritable ne veut pas mourir de faim, et s'il cherche à lutter contre cette concurrence qui est injuste, déraisonnable, préjudiciable à tous, le succursaliste baissera ses prix de 50 pour cent, de 40 pour cent. Et si, lui-même, il a besoin de vivre, car, à force de réductions, il s'annihilera lui-même, alors le succursaliste, qui est hors la loi et hors la surveillance, imprimera clandestinement des livres obscènes, et, pour quelques écus, mettra son unique presse au service des régicides.

Voilà l'origine du *Moniteur républicain*, Messieurs les Députés.

Maintenant, si quelqu'un se levait et osait me venir dire en face que le peuple a gagné à cela, que les ouvriers ont trouvé, dans cette extension factice de l'Imprimerie, une augmentation de salaire, une augmentation de bien-être et d'aisance ; moi, je répondrais que cela n'est pas vrai ! Laissez-faire, Messieurs les philantropes ! Nous avons, nous aussi, des cœurs pour nous apitoyer sur les misères de l'humanité, et nous sommes assez du peuple, Dieu merci ! pour savoir que tous les hommes sont nos frères et que l'exploitation de l'homme par l'homme est infâme. Mais si l'ouvrier souffre, si l'ouvrier est pauvre, si l'ouvrier ne récolte pas une récompense assez large de son labeur et de son industrie ; c'est que vous avez permis, à des Imprimeurs de contrebande, de mettre tout au rabais. C'est que, lorsqu'on a eu essayé toutes les économies possibles, on en est venu à économiser sur le salaire des ouvriers. Et, comme les ouvriers étaient encore trop chers, on a eu recours à des enfants. Oui ! oui ! des enfants, ceux que vous vouliez instruire, ceux que vous vouliez envoyer à vos écoles primaires, ceux dont vous vouliez sauver l'âme et le corps, en donnant au corps l'exercice et l'air, à l'âme l'éducation et l'étude ; ces enfants-là, on vous les a pris, sachant à peine lire, délicats, chétifs, non formés encore, et à leurs organisations débiles on a demandé le travail d'un homme, en ayant bien soin néanmoins de ne leur payer que le travail d'un enfant, c'est-à-dire rien, presque rien. Est-ce de la cruauté, cela ? Est-ce qu'il n'y a point quelque part des lois qui protègent la vie des enfants ? Et, dans nos ateliers, Messieurs, la vie des enfants est en danger. Nous vivons dans des atmosphères qui nous rendent maladifs et pâles, nous autres hommes ; est-ce que vous croyez que ces atmosphères-là ne tueront pas bien vîte des enfants? Et si leur santé résiste, est-ce que ces enfants-là deviendront jamais de bons ouvriers? Non, Messieurs. On les a pris tout jeunes, tout ignorants, et, sans apprentissage préalable, on en a fait de suite des manœuvres, des machines. Hommes ou enfants, ce ne seront jamais que des machines et des manœuvres. Vous avez perdu leur jeunesse et leur virilité d'un seul coup. C'est un grand malheur pour eux. Mais c'est un grand malheur aussi pour ce qu'il reste encore, dans nos imprimeries, de bons et habiles ouvriers. Car, se voyant entourés, remplacés souvent, par tant de médiocrités ignorantes, ils n'auront plus foi dans ce noble métier qui les a fait vivre jusqu'alors, et dont ils ont souvent été la gloire, eux les ouvriers, car il faut rendre à chacun selon ses œuvres. Puis, comme cette concurrence insensée nous ruine, nous autres, les Imprimeurs véritables, après avoir vu nos bénéfices se réduire et se diminuer chaque jour d'une effrayante manière, nous sommes obligés aussi de porter la main sur le salaire de nos ouvriers. Le prix du travail baisse, et cependant, Messieurs les Députés, le prix du pain ne baisse pas!

Et à présent, qu'allez-vous faire? Est-ce que vous n'entendrez pas la voix de la raison et du bon droit qui vous demande justice? L'année dernière, lorsqu'on est venu (chose infâme!) nous voler nos médailles à le Bibliothèque royale, est-ce que la police n'a pas su, le lendemain, faire poser des grilles de fer aux fenêtres de cette Bibliothèque? C'était un peu tard, je le sais bien. Mais, quand un malheur peut se renouveler, il n'est jamais trop tard d'empêcher qu'il se renouvelle. Donc, Messieurs, quand vous serez de retour à votre Palais-Bourbon, veuillez penser, je vous en prie, qu'il y a encore, à Paris, des grilles à faire poser quelque part.

Si je vous ai présenté requête, ce n'est pas pour moi ; car, Dieu merci ! moi, je suis jeune, j'ai des bras, j'ai du courage. Avec du courage, de la jeunesse et de la volonté, on ne meurt jamais de faim. Mais, si je me suis ému de pitié, si je me suis pris d'indignation, c'est pour cette pauvre Imprimerie que nos pères nous avaient faite si belle et que nous léguerons si dégradée à nos enfants ! Si je me suis permis d'élever la voix comme je l'ai fait, moi, le plus jeune de tous, c'est que j'ai cru qu'il était de mon devoir de le faire ; c'est qu'il y a des droits qu'il ne faut jamais se lasser de réclamer ; c'est qu'il y a des profanations qu'il ne faut jamais permettre ; c'est que ce que nous sommes aujourd'hui , Messieurs, c'est par la Presse, c'est par l'Imprimerie que nous le sommes !

Vous avez beau fortifier des villes, vous avez beau entretenir des armées ; vos villes n'ont plus de remparts, vos armées ne servent plus qu'à monter la garde aux portes de vos palais, et ce n'est plus que pour la parade que les fusils de vos soldats gardent encore leurs baïonnettes. Ce qui a renouvelé la face de la terre, c'est la pensée. Ce qui règne aujourd'hui sur le monde, c'est la pensée. Et ce qui a fait la pensée puissante et immortelle, c'est l'Imprimerie !

Donc, justice et protection, Messieurs les Députés. Justice pour les Imprimeurs, protection pour l'Imprimerie ! Vous avez parmi vous des poètes, des orateurs, des savants, des publicistes. Que tous ceux-là se lèvent et défendent leur mère. Car si vous laissiez l'Imprimerie, votre mère, se profaner, se traîner dans la boue, et mourir : ce jour là, vous verriez aussi, poètes, orateurs, savants, publicistes, votre éloquence et votre talent expirer silencieusement contre les murs de votre sénat, et votre voix, sans échos au dehors, n'irait plus réveiller les sympathies du monde !

Là-dessus, Messieurs les Députés, je vous souhaite bonne vendange et prompt retour. Prompt retour ! car la justice qu'on fait attendre est souvent plus fatale que la justice qu'on refuse.

AMÉDÉE GRATIOT.

Octobre 1838.

AMÉDÉE GRATIOT ET Cⁱᵉ, IMPRIMEURS,
11, rue de la Monnaie.